GUÍA DE LECTURA

Escrita por Mathilde Le Floc'h
Traducida por Laura Bernal Martín

La caída de la Casa de Usher

de Edgar Allan Poe

Entiende fácilmente la literatura con

ResumenExpress.com

www.resumenexpress.com

EDGAR ALLAN POE 1

Hombre de letras estadounidense

LA CAÍDA DE LA CASA DE USHER 2

Un cuento de terror que narra un drama descabellado

RESUMEN 3

ESTUDIO DE LOS PERSONAJES 5

El narrador
Roderick Usher
Madeline Usher
La casa de Usher

CLAVES DE LECTURA 8

Esquema actancial
Esquema narrativo
El género de la obra: del gótico a la fantasía

PARA IR MÁS ALLÁ 15

EDGAR ALLAN POE

HOMBRE DE LETRAS ESTADOUNIDENSE

- **Nacido en 1809 en Boston (Estados Unidos)**
- **Fallecido en 1849 en Baltimore (Estados Unidos)**
- **Algunas de sus obras:**
  - *Manuscrito hallado en una botella* (1833), cuento
  - *La caída de la Casa de Usher* (1839), cuento
  - *La carta robada* (1845), cuento

Edgar Allan Poe nació en Boston (Estados Unidos) en 1809. Es un poeta, novelista y escritor de relatos cortos que ha dejado una profunda huella en la literatura. Famoso sobre todo por sus cuentos, rodeados de una atmósfera sombría y misteriosa, es considerado el precursor tanto de la novela policíaca como de la ciencia-ficción y la fantasía.

Después de estudiar en la universidad de Virginia y de vivir una corta carrera militar, se esfuerza, con dificultad, por vivir de la escritura y trabaja en periódicos, además de publicar poemas y una novela, *Las aventuras de Arthur Gordon Pym*. Cosecha un gran éxito gracias a sus cuentos, sobre todo *La caída de la Casa de Usher*, *El hombre de la multitud*, *El gato negro* y muchos otros. Falleció en 1849 en Baltimore.

LA CAÍDA DE LA CASA DE USHER

UN CUENTO DE TERROR QUE NARRA UN DRAMA DESCABELLADO

- **Género**: cuento fantástico
- **Edición de referencia**: Poe, Edgar Allan. 2003. "La caída de la Casa de Usher". *Los crímenes de la calle Morgue y otros relatos*, 263-285. Traducido por Enrique Campbell. Barcelona: MDS Books / Mediasat, colección *Millenium*
- **Primera edición**: 1839
- **Temáticas**: locura, muerte, casa encantada, fantasma, miedo

La caída de la Casa de Usher (The Fall of the house of Usher) es una novela fantástica que fue publicada por primera vez en 1839 en la revista literaria estadounidense en la que Edgar Allan Poe participaba, la *Burton's Gentleman's Magazine*. Este relato es uno de los textos recogidos en *Historias extraordinarias*. Fue traducido al francés, al igual que un gran número de los cuentos del autor, por Charles Baudelaire, y al español por Julio Cortázar. Ha sido adaptada al cine y al teatro, y es uno de los cuentos más famosos del autor.

RESUMEN

El narrador (cuyo nombre desconocemos) acepta la petición de su amigo de la infancia Roderick Usher, enfermo de un mal desconocido, que le pide que le visite y se quede con él.

Una vez delante de la casa, al narrador le sobreviene una tristeza insoportable cuya causa no encuentra, y que finalmente acaba achacando a la desolación de la casa, del estanque y de sus alrededores.

La enfermedad de su amigo se manifiesta en forma de una sensibilidad extrema y en una inmensa angustia. Lady Madeline, la hermana melliza de Roderick, sufre el mismo mal, pero su estado es más avanzado aún. La mujer yerra por la casa como un fantasma, ocultándose de la mirada de todos. Para el dueño de la casa, la causa del mal está relacionada con la estructura de la casa y con la vegetación que la rodea, tal y como presintió el narrador cuando llegó.

Los días que se suceden están dedicados a la pintura, a la música y al dibujo, puesto que el amo tiene una verdadera inclinación por el arte. Escribe un poema que hace leer al narrador. Se trata de unos versos titulados *El palacio hechizado* y son una balada en honor a la casa.

Unos días más tarde, Madeline fallece. Su hermano, que desea evitar avivar la curiosidad de los médicos, decide conservar su cuerpo en una cripta en el sótano hasta el entierro de la joven. El narrador ayuda a Roderick a preparar la sepultura temporal. Sin embargo, se da cuenta de que la salud de su amigo empeora rápidamente después de colocar en el féretro a Madeline: a partir de entonces, vaga por las habitaciones sumido en el mutismo.

Una semana después, Roderick, alterado por una noche de tormenta, entra en la habitación del narrador, que no consigue dormir. Este último intenta calmarle leyéndole el único libro que tiene a mano: *Mad Trist* de sir Launcelot Canning, una novela que habla de enfermedades mentales. Sin embargo, tras la lectura de la obra, el narrador escucha ruidos en la casa, ruidos que se hacen cada vez más fuertes y más claros.

Roderick, histérico, afirma que han enterrado viva a su hermana: explica que lo sabe desde hace días y que no sabía qué hacer. Está seguro de que los ruidos que llegan a sus oídos los provoca Madeline, que se acerca a ellos para vengarse. A continuación, la puerta de la habitación se abre y la joven aparece, ensangrentada, enflaquecida y envuelta en su sudario. Se mantiene un instante inmóvil frente a su hermano y se abalanza sobre él. Agonizante, le arrastra a la muerte. Los dos fallecen.

Tras estos acontecimientos, el narrador huye. Cuando echa la vista atrás hacia la casa, se da cuenta de que un destello ha agrietado la casa, que ya estaba dañada. La casa se desploma ante sus ojos y el estanque situado delante se cierra sobre sus ruinas.

ESTUDIO DE LOS PERSONAJES

EL NARRADOR

Se expresa en primera persona del singular. El lector apenas tiene datos sobre el personaje. Desde su llegada, siente una gran tristeza que no logra comprender, aunque presiente que tiene algo que ver con la casa. Se divide entre la compasión y el miedo en lo que se refiere a Roderick.

Narrador al tiempo que protagonista de esta historia, intenta comprender y analizar con gran autodominio y objetividad los fenómenos extraordinarios que se desarrollan en la casa. Se muestra de esta forma como alguien muy observador, puesto que le ofrece al lector un gran número de detalles sobre lo que le rodea (el color de los árboles del jardín, el techo de la casa, la habitación de Roderick, etc.). También está muy atento a las palabras de su amigo y se muestra interesado en los síntomas que este presenta. Tanto que, poco a poco, comienza a sentir las mismas influencias mórbidas que este.

RODERICK USHER

Es el propietario de la casa y amigo de la infancia del narrador. De naturaleza muy reservada, pertenece a una antigua familia distinguida por «una especial sensibilidad de temperamento» (Poe 2003, 265). Su descripción física es extremadamente precisa y detallada:

«Un cutis cadavérico, ojos grandes, líquidos y luminosos sobre toda comparación; labios algo finos y muy pálidos, pero de una curva incomparablemente bella, nariz de un delicado modelo hebraico, pero de una anchura desacostumbrada en similares formas, una barbilla moldeada con finura en la que la falta de prominencia revelaba una falta de energía moral; el cabello que por su tenuidad suave parecía telaraña; estos rasgos unidos a un desarrollo frontal excesivo, componían en conjunto una fisonomía que no era fácil olvidar» (Poe 2003, 268).

El personaje padece sensaciones sobrenaturales y una agudeza mórbida de sus sentidos. Por ejemplo, el olor a flores no le deja respirar y la luz, incluso la más tenue, es una tortura para sus ojos. Solo los instrumentos de cuerda no le hacen sufrir. El narrador le llama «el hipocondríaco» (Poe 2003, 272). Está unido a la casa por una inexplicable influencia, y cuando escribe el poema *El palacio hechizado*, hace referencia a la casa pero también a él mismo. Al final del cuento, corroído por la culpabilidad y el miedo de haber enterrado a su hermana viva, se vuelve completamente histérico y fallece en una violenta agonía. Es «víctima de los terrores que había anticipado» (Poe 2003, 284).

MADELINE USHER

Es la hermana de Roderick. A pesar de encontrarse en «la plenitud de su juventud» (Poe 2003, 278), fallece unos días después de la llegada del narrador, víctima de un agotamiento gradual y de una neurosis. Como un fantasma, se esconde y suscita en el narrador terror y asombro. Es enterrada viva, pero logra de forma sobrenatural salir de su tumba y del sótano para atormentar a su hermano y arrastrarle con ella a la muerte.

LA CASA DE USHER

La casa se puede considerar como un personaje en su totalidad. Se describe con mucha precisión y ocupa un lugar activo en la historia. Refleja e influye el humor de su propietario. Está unida mediante un estrecho vínculo a Roderick, que incluso escribe una balada en su honor. Cuando este sucumbe a su dolencia, la casa se viene abajo y desaparece bajo el estanque.

El primer adjetivo que utiliza Poe para describirla es «melancólica», un término que se aplica a menudo para los seres humanos, lo que personifica la casa (una personificación es una figura de estilo que consiste en atribuirle a un objeto cualidades humanas). El narrador añade, además: «los helados muros, las ventanas parecidas a ojos vacíos» (Poe 2003, 263).

La casa tiene a primera vista rasgos góticos, ya que el vestíbulo tiene una bóveda gótica. Además, en las novelas góticas anglófonas del siglo XIX, era muy común asociar el carácter de los personajes a su entorno, como en el caso de esta obra, ya que la casa es un espejo del temperamento melancólico y agónico de sir Usher.

CLAVES DE LECTURA

ESQUEMA ACTANCIAL

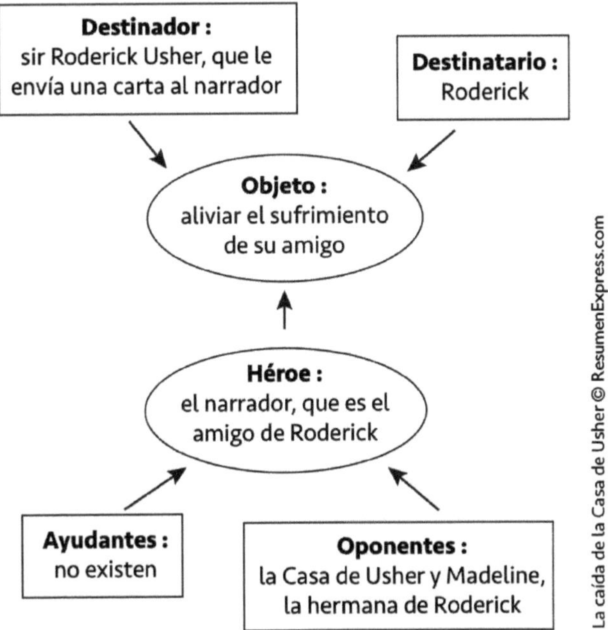

ESQUEMA NARRATIVO

Situación inicial: es el comienzo de la historia, el momento en el que se ofrece el contexto y se presentan a los personajes. La situación es equilibrada, es decir, no tiene por qué evolucionar.

- El narrador llega a la casa de Usher a petición de su amigo Roderick, el propietario de la misma, afectado por una enfermedad mental y sensorial.

Elemento perturbador: se trata de un elemento que modifica la situación inicial y que va a desencadenar la historia propiamente dicha.

- Madeline, la hermana de Roderick, que también vive en la casa, fallece a consecuencia de la misma enfermedad.

Peripecias: son los acontecimientos desencadenados por el elemento perturbador y que llevan consigo la o las acciones que realiza el héroe para resolver el problema.

- Roderick y el narrador depositan en el féretro a Madeline.
- El estado de salud de Roderick empeora (palidez, mutismo y el errar por la casa son los principales síntomas).
- El narrador lee la novela *Mad Trist* una noche de tormenta en un intento por reconfortar a Roderick.
- Madeline regresa para vengarse y entra en la habitación.
- La joven muere tras abalanzarse sobre su hermano.

Desenlace: pone fin a las peripecias y nos lleva a la situación final.

- El protagonista fracasa en su cometido, puesto que no logra aliviar a su amigo del mal que le corroe por dentro. Más bien al contrario: le deja agonizar en manos de su hermana y huye.

Situación final: es el fin de la historia. La situación es nuevamente estable, tal y como la inicial, pero ha sufrido cambios.

- El narrador se gira cuando huye para mirar la casa por última vez. Esta se agrieta y se viene abajo, en ruinas, sobre el estanque que se cierra sobre ella. Al final de la historia, no queda rastro de la casa.

EL GÉNERO DE LA OBRA: DEL GÓTICO A LA FANTASÍA

El cuento fue escrito en 1839, cuando la novela gótica daba paso a la fantástica. La novela gótica es la precursora de la novela negra, que se alimenta tanto del registro sentimental como del macabro. En cuanto al género fantástico, es un género literario en el que se introducen en un marco realista elementos sobrenaturales. Hechos inexplicados, aunque explicables teóricamente, aparecen en un ambiente realista, lo que provoca dudas e incertidumbre tanto a los personajes como a los lectores, que se hacen preguntas sobre los fenómenos que ven: ¿son racionales o sobrenaturales?

Edgar Allan Poe estuvo influido por el gótico, alcanzando pleno desarrollo en el género fantástico, del cual es considerado uno de sus máximos exponentes. Así, en *La caída de la Casa de Usher*, encontramos características tanto del gótico como del género fantástico.

De la parte de género gótico, podemos citar:

- el marco. Tal y como dice explícitamente el narrador, la casa tiene un vestíbulo gótico: «entré por el arco gótico del vestíbulo» (Poe 2003, 267). Es su primera impresión al entrar en la casa, lo que confiere a este elemento decorativo una cierta importancia. El autor escribe también que el edificio es «melancólico», al igual que su propietario: refleja los sentimientos de los personajes, lo que es también una característica del género, como ya hemos indicado. Además, el jardín que rodea la casa es lúgubre: el narrador guía a su caballo «hasta la orilla escarpada de un negro y lúgubre estanque» y observa los «lívidos troncos» (Poe 2003, 264). Además, desde el inicio del cuento, el lector se ve sumergido en una atmósfera mórbida típica del gótico;

- los personajes. En las novelas góticas, a menudo nos encontramos con criaturas o personajes malditos. En este caso, estos son Madeline y Roderick, los habitantes de la casa, los que están malditos, debido a una herencia patrimonial realizada de padres a hijos desde hace siglos: para ellos, es inevitable vivir en la casa y sufrir su influencia. El destino de toda la familia se ve así íntimamente ligado a la casa;

- la situación. El tema del secreto es recurrente en la literatura gótica y, aquí también, está inscrito en las filigranas de la novela. Roderick Usher parece esconder un terrible secreto que no puede confiarle a su amigo y que le corroe por dentro: «Me ocurría a veces, en realidad, pensar que su mente, agitada sin tregua, estaba torturada por algún secreto opresor, cuya divulgación no tenía el valor para efectuar» (Poe 2003, 278). Además, un sentimiento de encierro domina en este cuento: los personajes no parecen poder salir de la casa por alguna razón fuera de nuestro alcance. Parecen estar atraídos por una influencia nefasta que les impide huir. Solo al final, en el momento más crítico, el narrador logra escapar.

De la parte del género fantástico, podemos citar:

- el miedo. Edgar Allan Poe mantiene en este cuento una angustia que no solo viven los personajes, sino también el lector. Se trata de un elemento esencial en los relatos fantásticos. Roderick y Madeline sufren una angustia que no logran definir. Esta gana poco a poco al narrador, que sufre la misma dolencia. Además, esta angustia llega al lector gracias al punto de vista del narrador: la focalización es interna, es decir, el lector solamente sabe lo que el narrador ve. Este miedo se ve progresivamente reforzado hasta la última noche, cuando el narrador escribe: «Un irreprimible temblor invadió poco a poco mi ánimo; y al fin un verdadero íncubo vino a apoderarse por completo de mi corazón» (Poe 2003, 279);
- el tema del mal (o de una enfermedad desconocida). Roderick sufre una enfermedad que, sin embargo, carece de causas físicas. Es omnipresente, actúa como una influencia (por parte de la casa y de sus alrededores), pero también es inherente al personaje, puesto que el dueño parece corroído progresivamente por la misma. Es indefinible y contagiosa, puesto que su hermana también la sufre, y parece que poco a poco también alcanza al narrador;
- la ambigüedad. En el género fantástico, a diferencia del relato maravilloso, que sabemos con exactitud que se sitúa en un universo irreal, existe una tensión permanente entre lo racional y lo sobrenatural: los personajes y, seguidamente, los lectores, dudan entre una explicación

racional de los hechos que se producen y una explicación sobrenatural. Aquí, el narrador, hasta el final, intenta encontrar explicaciones racionales a hechos inexplicables:

> «En ese mismo instante, como si la energía sobrehumana de sus palabras hubiese adquirido la potencia de un hechizo, las grandes y antiguas hojas que él señalaba entreabrieron pausadamente sus pesadas mandíbulas de ébano. Era aquello obra de una furiosa ráfaga [...]» (Poe 2003, 284).

Aunque la propia puerta de la habitación se abre de forma sobrenatural, el narrador se aferra a una explicación racional. Esta ambigüedad se ve aquí facilitada por la enfermedad mental. Nunca sabemos si es el personaje enfermo el que divaga o si realmente nos enfrentamos a un hecho sobrenatural. En este cuento, sin embargo, es el hecho sobrenatural el que finalmente gana.

¡Su opinión nos interesa!
¡Deje un comentario en la página web de su librería en línea,
y comparta sus favoritos en las redes sociales!

PARA IR MÁS ALLÁ

EDICIÓN DE REFERENCIA

- Poe, Edgar Allan. 2003. "La caída de la Casa de Usher". *Los crímenes de la calle Morgue y otros relatos*, 263-285. Traducido por Enrique Campbell. Barcelona: MDS Books / Mediasat, colección *Millenium*.

ADAPTACIONES

- *La caída de la casa Usher.* Dirigida por Jean Epstein, con Jean Debucourt, Marguerite Gance y Charles Lamy. 1928.
- *La caída de la casa Usher.* Dirigida por Roger Corman, con Vincent Price, Myrna Fahey y Mark Damon. 1960.
- *La caída de la casa Usher.* Dirigida por Jesús Franco, con Howard Vernon, Lina Romay y Antonio Mayans. 1982.
- *La caída de la casa Usher.* Dirigida por de Marc Julian Ghens, con Carine François, Isabelle Hubert y Claudine Laroche. 1992.
- *La caída de la casa Usher.* Dirigida por David De Coteau, con Frank Mentier, Jaimyse Haft y Michael Cardelle. 2008.
- Guillaume, Nicolas. *2007.* Cómic *La Chute de la maison Usher.* París: Emmanuel Proust, colección *Atmosphères.* 2007.

EN RESUMENEXPRESS.COM

- Guía de lectura de *El escarabajo de oro* de Edgar Allan Poe.

- Guía de lectura de *El gato negro y otros relatos* de Edgar Allan Poe.
- Guía de lectura de *La carta robada* de Edgar Allan Poe.
- Guía de lectura de *Los crímenes de la calle Morgue* de Edgar Allan Poe.
- Guía de lectura de *Manuscrito hallado en una botella* de Edgar Allan Poe.